맛샘 홍영복의 첫 시조집·생활시조

마음신호등

도서출판
IB 아이비라인

마음 신호등

초판·펴낸날 ㅣ 2025년 9월 17일

발 행 인 ㅣ 홍영복

그　　림 ㅣ 서송주, 김대정, 김태희, 최라임

편　　집 ㅣ 서승희

펴 낸 곳 ㅣ 도서출판 아이비애드

펴 낸 이 ㅣ 아이비문화 김삼석

디 자 인 ㅣ 아이비문화 서승희

출판신고 ㅣ 제 2014-000131호3

주　　소 ㅣ 서울시 중구 을지로14길 12(을지로 3가)

전　　화 ㅣ 02-2274-4110

ISBN　979-11-88787-34-0(03010)

정가　15,000원

시조시인의 말

누구를 만나느냐에 따라 인생이 달라진다는 말을 흔히 한다. 나 역시 지금의 나로 만들어 주신 분이 몇 분 계시다. 나를 끔찍이도 사랑하셨던 아버지, 고교시절 국어 선생님, 이년 전에 만난 시조 박사님, 이 세 분은 나의 문학 스승님이라고 힘주어 말할 수 있다.

밤낮으로 글을 쓰시어 가족들에게 읽어 주시고, 손에 포근히 쥐어 주셨던 아버지를 떠올리면 너무 그리워 눈물이 난다.

고등학교 일학년 국어 선생님은 교지 발간을 담당하셨는데 나는 문학에 재능이 있다고 여겨지는 학생들 여섯명 중의 하나로 뽑혀 교지 편집을 하며 가까운 사람들이 쓴 글과 친해졌다. 국어 선생님은 그 시절 대학에서 주최하는 백일장에도 많이 데리고 다녀주셨다. 어렴풋이 문학에 눈을 뜨면서 나는 어느 순간 마다 글 쓰는 재미에 푹 빠져들었다.

소소한 일상 중에 톡 쏘는 그 맛을 간직하고 싶어 동시를 쓰고, 스쳐가는 생각과 사람들과의 만남의 순간을 그려놓고 싶어 수필을 쓰고, 때로는 마음의 그림을 시로 표현했다.

이년 전 열매가 주렁주렁 열리는 단풍 곱던 가을날 시조의 대가 원용우 교수님의 시조 강의를 듣게 되었다. 주 한 번 시조 강의를 듣고, 내가 집에서 틈틈이 써온 시조를 함께 공부하는 수강생들에게 선보였다. 교수님은 수강생의 시조를 귀담아 들으시고, 평을 해 주셨다. '그대로 좋습니다.', '잘 썼습니다.', '나무랄 데가 없습니다.' 등의 교수님의 칭찬 한 마디를 듣고 가는 날은 춤추듯 기뻤고, 나도 모르게 밥 때도 잊고 시조를 쓰고 있었다. 시조의 묘한 매력을 느끼게 된 것이다.

이백 여 편의 시조가 연신 웃음을 터뜨리고 있어 이 웃음 시조를 세상 사람들과 함께 나누고 싶어 큰 용기를 내게 되었습니다.

홍영복의 첫 시조집 「마음 신호등」이 푸른 하늘을 훠얼훨 날아오릅니다.

자라나는 어린이들의 마음에도, 풋풋한 청소년들의 가슴에도, 송송 땀 흘리며 아이를 키우는 엄마 아빠의 마음에도, 고운 주름 만들어가는 할아버지 할머니의 가슴에도 반짝이는 빛이 되면 좋겠습니다.

갈 때 가고, 멈출 땐 멈출 줄 아는 산뜻한 마음 신호등을 품고 살아가면 좋겠습니다.

어느 가정에서나 일어날 수 있는 소소한 생활 이야기를 운율에 맞게 생활시조로 그려 보았습니다.

내가 그린 시조를 되짚어 보니 참 좋았던 날, 참 기뻤던 날, 참 멋진 날, 참 넉넉한 날, 참 포근한 날, 참 그리운 날들로 꽉 찼습니다.

신나게 시조 여행을 떠나는 마음으로 여섯 개의 희망꽃 바구니를 총총히 엮어 만들었습니다.

생활시조집 『마음신호등』은 여섯 부로 나누어 떠나는 비타민 여행입니다.

향 진한 차 한 잔에 달디단 시조 맛을 깊어가는 가을 길목에서 느껴보시면 어떨까요?

오늘에 이르도록 격려와 용기를 주신 모든 분들께 깊은 감사 드립니다.

2025. 9.

맛샘 홍영복

새로운 시조의 모형을 창안하다

원용우 (시조시인, 문학박사)

홍영복 시인이 첫 시조집 발간하신다는 소식을 전해왔다. 첫 시조집을 낸다는 것은 참으로 기쁘고 축하할 일이다. 시인에 있어서 첫 작품집을 낸다는 것은 첫 아들 낳는 것에 비유되기 때문이다. 이왕이면 옥동자를 분만해야 할 것이다. 그러면 많은 하객들이 칭송하고 박수갈채를 보내게 된다.

홍시인이 시조의 길로 접어든 것은 그리 오래되지 않았다. 그러면서도 몇 십 년 그 업에 종사한 사람과 비교해도 전혀 뒤떨어지지 않는다. 오히려 그들을 능가하는 작품을 생산해내고 있다. 왜냐하면 그 작품을 다루는 솜씨가 능수능란하다고 자타가 공인하는 경지에 이르렀기 때문이다.

이제 그의 작품은 새로운 패러다임을 만들었고 새로운 모형을 창안하였다. 누구도 흉내 낼 수 없는 그만의 솜씨와 표현력을 발휘하였다. 사람의 얼굴을 예로 들면 그 수많은 사람의 모습을 보아도 똑같이 생긴 얼굴은 찾아보기 힘들다. 마찬가지로 시조작품을 한 사람이 수천 편 썼어도 똑같은 작품은 나오지 않는다. 그 내용을 다 다르게 해야 별개의 작품으로 인정받기 때문이다. 이런 점을 헤아리면서 홍시인의 작품적 가치를 열거해보자.

> 바위는 올라가고 가위는 내려서던
> 추억의 계단 놀이 후닥닥 보고파서
> 사람은 가만히 서있고 계단들이 걷다니.
> — 에스컬레이터, 제1수.

상기 작품은 3수 연시조인데, 제1수만 인용하였다. 중장까지는 전반부이고, 종장은 후반부이다. 전반부는 계단 놀이를 소재로 했고 후반부는 에스컬레이터가 작동되는 모습을 형상화하였다. "사람은 가만히 서있고 계단들이 걷다니"는 상상력이 동원된 것이다. 바로 계단놀이를 모티브로 해서 에스컬레이터 타는 모습을 유추해낸 것이다.

사람이 걷는 것이 아니라 계단들이 걷는다고 표현한 것이 이 작품의 묘미다. 사실은 계단놀이나 에스컬레이터 타는 모습이 모두 상상력을 동원한 것으로 보아야 한다. 수사법으로는 비유법을 사용하였다. 이러한 상상력과 비유법이 이 작품을 더욱 돋보이게 하는 요소로 작용한 것이다.

아버지 떠오르는 오월의 새벽 창가

힘주어 쥐어주던 뼈까지 스민 온기

호탕한 그 웃음소리 푸른 하늘 퍼진다.

　　　　　　　　　　　　　　　　　　– 어버이 날, 제1수.

　이 작품의 제목은 <어버이 날>이다. 3수로 된 것을 제1수만 인용해서 논의해 보고자 한다. 실제로는 아버지가 안 계신데 옆에 계신 것처럼 생생하게 떠올려서 친근감 있게 써내려 갔다. 아버지가 옆에 안 계시다는 것을 알려주는 시구(詩句)가 "새벽 창가"이다. 그런데 그 아버지가 힘을 주어 잡아주셨는데 뼈 속까지 스민 온기를 느낄 수 있었다는 것이다. 얼마나 가깝게 지냈으면 온기가 뼈 속까지 스민다는 표현을 했겠는가. 아버지의 성격을 짐작할 수 있는 곳이 "호탕한 웃음소리"이다. 그 호탕한 웃음소리까지 들을 정도면 부녀의 관계는 시공을 초월한 것이다. 두 분의 관계는 영적으로 통한 것이다.

　이 작품은 육안으로 본 것을 쓴 것이 아니라 심안(心眼)으로 본 것을 그렸다. "새벽 창가", "힘 주어 쥐어주던", "뼈속까지 스민 온기"는 마음의 눈으로 본 것이고, "호탕한 웃음소리"는 마음의 귀로 들을 수 있는 소리이다. 이 모든 것은 소설에서 이야기하는 허구(虛構)가 아니라 초능력을 발휘해야만 표현이 가능한 작품이다.

지금까지 홍영복 시인의 작품 중에서 우리들이 따라 잡아야 할 장점들을 찾아보았다. 첫째로 자아의 상상력을 활용해 작품화 하라는 것이고, 둘째로 육안으로 본 것만 그리지 않고, 마음의 눈으로 보고, 마음의 귀로 들은 소리를 형상화 하라는 것이다. 이 밖에 ① 순수 우리말로 된 작품을 쓸 것, ② 가능하면 비유법을 응용할 것, ③ 난해한 작품을 쓰지 말 것, ④ 참신하고 새 맛이 나는 작품을 쓸 것 등을 제시한다.

　홍영복 시인은 언어를 다루는 솜씨가 뛰어나다. 긍정적이고 아름다운 말을 사용하였다. 이런 장점이 많은 작품이니 기성 작가나 새롭게 시조공부하려는 사람들에 이 분의 시조집을 추천한다. 많은 깨달음을 줄 것이고, 새로운 길, 지름길로 인도할 것이다.

2025. 7. 29

2

참 기쁘다

3

참 멋지다

4
참 넉넉하다

5
참 포근하다

6

참 그립다

!
참 좋다

그림 서송주

붕어빵 가게

칼바람 쌩쌩 부는 울동네 길모퉁이
붕어빵 새색시는 고소한 콧노래로
검붉은 붕어내장에 사랑물을 입힌다

줄서는 청춘남녀 웃음에 꼬리 물고
노릇한 겨울 간식 한 입에 눈 감기네
동서양 뛰어넘었나 외국인의 바람이

기분 좋은 날

잰 걸음 바람 넘겨 정류장 다다르니
반가운 숫자 버스 웃으며 다가온다
가뿐히 올라탔는데 빈 자리도 기다려

억세게 기분 좋아 양볼에 사랑 담고
어깻짓 춤을 추니 땅기운 발에 찰싹
빙그르 신나는 세상 해솟으면 또다시

행복은 여기

두 팔을 번쩍 들어 하늘에 인사하네
봄소풍 온 것처럼 그대를 만난 듯이
행복은 내 안에 있어 깊은 가슴 마음샘

하루를 마감하는 잠자리 눈감으면
흥돋는 꿈의 왈츠 끝없이 들려온다
참스런 스물 네 시간 마음 정원 박람회

참 좋다

까치발 들고 서서 한동안 걸었더니
평평한 바윗돌에 포근함 뿌려놓네
살며시 앉아볼까나 햇살 친구 고맙다

얼마나 좋았으면 파랑새 불렀을까
끝없는 햇빛 샤워 이중창 대회 열어
희망꽃 피어올라라 온세상은 봄동산

등산

오를 땐 힘들어도 오르면 은빛 세상
땀방울 온데간데 행복샘 쏟아지네
하늘이 가까워지니 구름 비행 하겠다

힘든데 왜 가냐고 어릴 적 투덜댔지
땀나니 개운한데 이 나인 웃고 있네
좌우간 오르고 볼 일 다녀오면 금메달

그 어떤 날도

촉촉 비 내리는 날 눈 활짝 떠서 좋고
해 쨍쨍 눈부신 날 맘 크게 열려 좋다
눈 펑펑 쏟아지는 날 너를 만나 더 좋다

새콤한 레몬 한 쪽 고등어 군침 돌고
달달한 망고 조각 내 가슴 오아시스
향긋한 우리집 식탁 휴일날은 더 좋다

한여름 산타 오셨네

한여름 산타 선물 포근한 이부자리
한번도 깨지 않고 숙면을 취했구나
울엄마 잠자리 관찰 자나깨나 효녀딸

흙침대 단단하여 등어리 배겼는데
적당히 푹신한 요 어디서 나타났나
한번만 누워볼까나 깊은 오수 즐겼네

새 자리 어떠냐고 사랑딸 마음 검진
딱 한 번 누웠는데 스르르 잠들더라
웃음꽃 폭 배어 넘쳐 좋은 꿈을 꾸겠네

화목

온가족 둘러앉아 얘기꽃 피우는데
꽃색도 가지가지 토론방 벌어졌네
풋풋한 젊음 속에서 할미꽃도 한마디

꽃들의 합창소리 그칠 줄 모르고서
상다리 휘청대던 음식들 어디 갔나
한여름 동그란 밤은 달빛 속에 빛난다

단비

갈라진 땅 틈으로 빗줄기 퍼부으니
떨어져 울던 가족 순식간 껴안았네
얼마나 기다렸다고 눈물인지 비인지

갈증에 물 한 모금 세상이 내 것이고
누구도 할 것 없이 모두다 한 가족야
하늘이 내려 준 보물 감사 기도 올린다

칭찬

양어깨 꽃이 되어 날아든 나비 한쌍
반갑게 맞이하여 흥겹게 돌고 도네
가슴속 파고든 향언 메아리쳐 흐른다

고래도 춤춘다는 사랑의 그 한 마디
하얀 이 드러내고 고갯짓 귀엽구나
한토막 들었을 뿐인데 바다 위에 갈매기

화합

눈뜨면 안보이고 감으면 더 잘 보여
꿈 속에 놀던 시간 우리 손 놓칠않네
등 토닥 쓰다듬더니 누가 먼저 안았나

사랑이 밀물처럼 든든한 울타리로
에움길 돌고돌아 풍성한 마음된 걸
부둥켜 얼싸안은 정 집에 갈 줄 모른다

칠순

하나 둘 세다보니 어느새 일흔이라
시간은 쏜살같이 즐겁게 산 징푼가
꽃피는 칠순생일상 상다리가 휘었네

생각만 떠올려도 든든한 우리 사위
칠순날 맞이하여 내 아들 삼았단다
예쁜 딸 신바람나서 밤낮없이 웃음꽃

강아지 초대

방긋이 웃어주며 포근한 아침 인사
얼마나 귀여운지 눈길이 자주 가네
그대는 영원한 친구 너 없으면 못산다

사흘이 멀다하고 복슬이 안고 오면
딩동댕 열자마자 꼬리가 춤을 춘다
얼마나 보고팠다고 졸래졸래 따라와

배움은 끝이 없다

배우러 걸어가면 보람이 뛰어든다
가슴에 풍선 품고 콧노래 흥얼댄다
시조맛 달디 달아서 손 뗄 수가 없구나

이런 맛 처음인데 또 먹고 다시 먹고
씹으면 씹을수록 깊은 맛 넘치는 걸
동틀 때 아직 멀었어 연필 들고 앉는다

가르침은 재미있다

아이들 눈빛 보면 가슴은 동요 무대
고갯짓 방긋 미소 보람꽃 피어 올라
수십년 사랑 나눔터 감사 눈물 쏟는다

오리고 붙여가며 시계는 아침인데
눈높이 사랑깊이 그릴수록 끝이 없네
너희들 보고싶어서 꿈에서도 만났다

카페 풍경

그윽한 커피 한 잔 달싸한 빵 한 조각
진동벨 날쌘 몸짓 올라간 입꼬리들
저마다 맘껏 속풀어 새 발걸음 내딛네

대화를 끌고 가는 커피향 세계 속은
이 켠엔 박장대소 저 켠엔 독서삼매
달라도 너무 다른데 꾸역꾸역 모인다

서쪽에서 해뜬다

멍멍이 무서워서 빙 둘러 가던 내가
삽살개 다가가서 눈까지 맞춤하네
반려견 내 식구 되다니 하늘이 다 웃는다

저 먹을 간식 대신 복슬이 밥 챙기고
제 할 일 뒷전이고 그 애랑 키득대네
좌우간 오래 살고 볼 일 세상살이 요지경

추워도 운동 필수 꼬리는 트위스트
깔끔함 자처하다 응가도 귀엽다고
정겨운 생활의 변화 상상조차 못한 일

빵이 좋아

결대로 찢어지는 따끈한 식빵 맛에
밀크는 예술이고 음악은 사랑된다
담백한 우리밀 크래커 곁들이면 내 생일

소싯적 빵집 사장 한동안 꿈꾸었네
얼마나 좋았으면 버터향 눈감겼어
아직도 늦지 않았나 간판 이름 고민중

낭만 여행

빌딩숲 삼십오층 수영장 칠순아씨
하늘이 지붕이고 바람은 내 친구라
싱가폴 낭만 여행은 제이 인생 꿀단지

두둥실 출렁이다 까치발 걸어보니
키다리 둥근 잎은 태양을 등에 업네
세월아 멈추어다오 유토피아 별천지

참 좋은 날

문학꽃 피우는 날 한마음 한국문예
강사님 명강의에 새로움 더해가고
꽃자리 문학인 쉼터 함박웃음 퍼진다

시인님 출판기념 뜨거운 박수소리
화사한 마음다발 얼마나 기쁘실까
힘차게 용솟음치는 한국문예 큰사랑

다시 태어난다

거미줄 찻길에서 인도를 바라보면
활기찬 걸음걸이 걷고파 꿈틀댄다
내일은 저 대열 행진에 끼어볼까 웃음뿐

머리끈 질끈 묶고 간편복 산뜻하게
자가용 내던지니 나르는 발레리나
콧노래 울려퍼졌나 나비까지 날아와

맛글쓰기

생각샘 솟아날 때 서둘러 받아놓고
마음물 내리기 전 총총히 저장하면
꿀맛이 흠뻑 배인 글 탄생한다 세상에

생각이 꼬리 물고 신나게 달려간다
마음이 헤엄치며 유유히 흘러간다
맛글을 쓰는 재미에 하룻밤을 새웠다

가슴 편지

꿈꾸던 세계여행 배움숲 무성해져
우리 딸 가슴 얘기 사랑물 흐르누나
감사한 아빠 엄마께 효도하며 살래요

떨어져 있다 보니 부모님 보고파서
아끼던 마음 구슬 또르르 굴려 보내
이렇게 빛날 수 있을까 이제서야 알았네

글벗 오십년

고요한 아침 세상 내 소리 잘 들린다
정성껏 모아보니 책 한권 튼실하네
반세기 글벗의 노래 가슴 뭉클 뜨겁다

세바시 강연하듯 설레는 작가모임
좋은 맘 품에 안고 사뿐히 오시겠지
찬란한 글벗 오십년 정성모아 엮는다

글친구

친구가 많다지만 글친구 제일인 걸
때장소 안가리고 무시로 만나잖아
소통도 너무 잘 되네 똑같은 길 걷는다

눈뜨자 너를 잡고 이러쿵 마음 털고
길가다 동작 그만 저러쿵 귓속말 해
저 태양 우리 사이 알아 더 따스이 비추네

단순

문틈을 비집고서 쪼르르 달려나와
눈맞춰 인사하는 네 모습 닮고 싶다
오로지 보고팠다는 단 한가지 단순함

아무리 일 많아도 단번에 어렵잖아
순서를 정해놓고 하나씩 흘러가자
멍멍이 쓰다듬는다 네가 알려 주었어

세상은 공평하다

여기서 손해보면 저기서 횡재하나
세상은 공평하다 가물면 비내리네
일상 속 깜짝 이벤트 살만하다 이 세상

우산을 쓰려 하니 중심대 뽑아지네
비 좍좍 퍼붓는데 묘안이 안떠올라
시원한 빗줄기 샤워 사색하며 걷는다

우연히 찾은 카페 개업날 공짜 커피
쓴맛은 하나 없고 달디단 사랑 음료
빙긋이 웃는 하늘은 넓은 가슴 만든다

편의점 여행

몇천원 움켜지고 편의점 들어서면
저마다 반갑다고 아는 척 손 내민다
달달한 보름달 빵이 가장 반겨 주더라

하나를 집었는데 한 개 더 선물 주네
푸근한 이벤트에 갑자기 신바람 나
솔솔한 순간의 행복 시시때때 맛본다

캄캄한 밤길 가다 나그네 희망 찾고
언 몸을 녹여주니 거리의 내 집이다
무거운 짐까지 보관 토닥토닥 예뻐라

거뜬한 한끼 식사 옆 사람 친구 되고
생필품 이것저것 만물상 푸근하네
떼지어 줄서는 모습 서민들의 풍경화

시계

쉼없이 달렸으니 쉬는 게 당연하지
째깍이 쿨쿨 자니 꿈꾸면 이틀밤도
인생은 몇세시대라 말할 수가 있을까

해뜨면 하루 열어 옥구슬 구르는데
시계가 멈춰서면 이때다 느리적대
이따금 잠자는 세상 만들어도 좋겠다

신호등

신호등 다리 아파 누웠나 피식 웃자
우뚝 선 거리 등대 보란 듯 번쩍인다
친절도 별표 다섯 개 우리 모두 제대로

지켜서 남준다냐 나 안전 그대 평안
휴대폰 주머니 쏙 예쁜 빛 숫자 잘 봐
손 높이 흔들어댈 때 꽃향기가 내게로

저만치 불빛 기둥 운전사 깊은 응시
발 아래 초시계는 키다리 불꽃 친구
언제나 변함없는 너 밤낮없이 고맙다

다 맛있다

세 치 혀 맛 감지해 천하를 입에 넣어

아침엔 산들 내음 저녁엔 바다 물향

한평생 먹는 즐거움 젖어 요리박사 되었네

어디나 산해진미 뭘 먹나 행복 고민

시장이 반찬인가 손맛이 탁월한가

얘들아 모두 모여봐 내 손길에 빠져봐

택시기사 이야기

친절한 택시기사 일대기 늘어놓네
퇴임 후 제이 인생 여행길 예측불허
짬짬이 유산소 운동 근력 운동 절실해

틈 살펴 팔 돌리고 허리도 빙글빙글
운동할 시간 없다 그런 말 하질 말아
고개를 끄덕이다가 마음메모 적었다

참 기쁘다

그림 서송주

이태오 백일

태어나 백일된 날 이태오[1] 백일맞이
방긋이 웃는 얼굴 얼마나 귀여운지
아빠를 쏘옥 빼닮은 멋진 아가 이태오

팔다리 건강한 춤 엄마는 싱글벙글
옹알이 예쁜 소리 눈맞춰 얘기 나눠
우리집 사랑 복덩이 무럭무럭 자라라

1) 이태오 : 손주 이름

이태오 첫 어린이날

복덩이 태오 아가 신나는 어린이날
맘마도 꿀맛이고 옹알인 아나운서
잠 깨도 발가락 신기해 만지면서 방그르

얼마나 귀여운지 말로는 표현 못해
연달아 방글방글 몰타2)도 귀히 여겨
이태오 사랑둥이야 어린이날 축하해

---

2) 몰타 : 반려견 이름

꽃길

일 많다 투정하던 그 시절 소리없이
일 찾아 알록달록 새 길에 수를 놓네
이제는 멈출 수 없는 걸음마다 반딧불

벚꽃비 맞아볼까 빙그르 돌아볼까
너 불러 같이 가지 황홀한 꿈은 자유
물 한 병 가뿐 들고서 봄둘레길 걷는다

겨우내 어둠에서 서로를 얼싸안고
다독여 봄 기다린 꽃천사 봄날 정원
찬란한 생명의 꽃무리길 가슴 벅차 오른다

아가야

똘똘한 눈빛으로 세상에 말 건네는
그 사랑 벅차 올라 살며시 볼 부빈다
지긋이 눈 감고도 보인 아가 입은 나팔꽃

천사들 수영장에 설레는 나비 복장
딸 사위 박장대소 한 바퀴 빙 돌았네
물 첨벙 누가 잘하나 울아가가 단연코

희망

일거리 줄 서 있어 사는 맛 절로 난다
예전엔 투정 일쑤 지금은 감사 인사
나날이 커가는 나무 열매 맺을 날 온다

해뜰 날

굴러간 물병 하나 보란 듯 우뚝 섰네
비쳐진 내 모습에 환호성 눈물 다발
간절히 모으던 두 손 하늘 만세 외친다

입맞는 떡 찾기가 그리도 어려웠나
수십 번 들락날락 드디어 싹터올라
새로운 보금자리 마중 얼싸안고 춤춘다

생일 선물

토끼눈 콩닥 가슴 생일날 마음 풍경

살가운 우리 사위 봄산타 되었구나

거울에 비쳐진 내 모습 행복덩이 천사네

연하늘 살랑 자켓 온 몸은 둥실 구름

연이은 미소 남발 온가족 따라 웃어

눈부신 사랑 품고서 둘레둘레 다녔네

어쩌다 한 번쯤은 무덤덤 괜찮은데

깍듯한 공경 말투 눈시울 퐁 적신다

속깊은 사랑둥이 아빠 별빛보다 더 빛나

찬사

설익은 풋맛일까 농익은 장맛일까

첫 시집 사뿐 열자 시향이 넘실댄다

보석 글 알차게 모아 별빛 세상 만드네

나를 본다

갈림길 서 있을 때 쉬운 길 가곤 했나
편한 게 맘에 들어 한평생 아스팔트
때로는 경쾌한 왈츠 나이 익어 가나봐

언젠간 라인댄스 콧노래 흔들댔네
어느새 백발아씨 손주님 가정교사
오월은 금방 간다지 순간마다 웃을래

넘어져 안아픈 척 이제는 실컷 토해
하고픈 말 라랄라 박수쳐 신명나게
사진첩 보름달 미소 달빛 속에 보인다

시조 예찬

시조맛 알고부터 세상이 달라보여
우물안 개구리가 백사장 뛰다닌다
진주알 조개껍데기 수도 없이 찾았네

오묘한 시조 세계 친구 귀 끌어다가
포근히 속삭이니 가슴은 일곱 빛깔
꿈꾸는 시조동산에 푸른 깃발 꽂는다

새벽의 힘

불현 듯 스친 생각 놀랍게 들어맞아
단번에 머나먼 길 가뿐히 갈 수 있네
명료한 얼의 세계는 동터오기 바로 앞

고요한 새벽 아침 알람이 말 걸어와
심호흡 큰 기지개 감사한 하루 시작
공처럼 굴러가볼까 탄탄대로 나의 길

별빛 주인공

든든한 모습처럼 내면도 꽉 찼구나

숙련된 경제전망 현실로 적중하니

감탄꽃 피고 또 피어 행복정원 이룬다

손자 탄생

사랑을 배에 품고 열달을 기도하며
매듭달 청룡 기운 우렁찬 울음소리
왕자님 나의 첫 손자 듬직 사위 판박이

외동딸 눈물콧물 쏟아낸 축복의 날
얼마나 뿌듯한 지 저 태양 가슴 안에
아가야 무럭무럭 커 할머니 품 안겨봐

예쁜 딸 믿음 사위 축하말 전하고파
손편지 뜨거운 맘 사위 손 쥐어줬네
참사랑 감사의 하루 우리 손자 탄생날

장수비결

울엄마 기분좋게 거뜬히 잘 드신다

웃음꽃 장수비결 티비가 한몫한다

신나는 전국노래자랑 매일 하면 좋겠네

딸의 생일

밝은 해 솟아오른 우리 딸 생일 아침
앞치마 두른 사위 손놀림 요리사다
함박꽃 웃음 터뜨린 딸의 눈엔 방울이

상차림 넘어가서 좋은지 싫은 건지
어머니 이제 편히 사위 말 고맙지만
세월의 걸음걸이는 누가 쫓아 오더냐

올해는 감격 생일 선물이 아들이네
할머니 할아버지 주름도 사라지니
딸사위 신바람나서 부산여행 가잔다

반가운 전화

선생님 함께 하면 글 술술 써졌다는
몇 달간 글의 침묵 막막한 가슴앓이
대견한 내 사랑 제자 이제 그만 걱정 뚝

얼마나 글 고프면 선생님 다시 찾나
반가운 네 소리에 눈물이 그렁 고여
눈빛이 남달랐던 너 바로 오늘 만나자

착한 하루

또르르 날 밝았네 박차고 일어난다
입꼬리 귀에 걸고 건반 위 뛰다니면
된장국 깍두기 세쪽도 고기반찬 못잖다

홀인원

탁 트인 녹색 잔디 원없이 밟아본다
벗님과 함께 하는 괜찮은 건강 운동
홀인원 꽃 피운 따님 전화통에 불난다

짜릿한 그 느낌이 평생을 가겠구나
얼마나 신났을까 함박꽃 보인단다
땡그랑 잔디의 함성 여기까지 들린다

말의 힘

아침에 첫 마디를 방울로 굴렸더니
앞마당 복슬이도 꼬리춤 끝이 없네
참스런 말바퀴 하나로 둥근 하루 만들어

무심코 던진 말에 자존감 펄펄 솟아
방구석 뛰쳐나와 세상의 주인되네
언젠가 그럴 줄 알았어 사랑하는 동생아

축복의 날

복덩이 사랑둥이 칠석날 손 꼭 잡고
별꿈터 약속 정원 힘차게 발디뎠네
유난히 반짝이는 별 원앙 한쌍 비추네

푸근한 마음 왕자 공주 옆 다가가서
세상을 얻었노라 함박꽃 선사하네
화사한 웨딩드레스 축복 속에 빛난다

평생 배운다

한 그림 같이 감상 저마다 다른 소리
이 사람 물길 따라 저 사람 나비 좇아
사람의 얼굴 다르듯 삶의 길도 다르다

당신의 주옥 말씀 살며시 들춰보고
눈감아 음미하며 바람에 전합니다
건실한 배움 벗님들 스승님의 사랑끈

갑진년 새해 아침

봄기운 가득 품은 해맑은 웃음소리

갑진년 새해 아침 온누리 퍼져간다

순수한 아이 맘으로 청룡의 해 살련다

글맛 맛글

아이들 앞에 서면 마음이 춤을 춘다
내 얘기 재밌는지 숨죽여 쳐다본다
한 번 더 보고프다고 가던 길을 돌린다

일년을 하루같이 글쓰기 함께 했네
한 줄이 두 줄 되다 책 한 권 만들었네
글비행 모두 다 탑승 야호하며 달린다

글세계 빠져들면 웃음꽃 절로 핀다
자신감 넘쳐흘러 쓰는 건 문제없다
맑은 샘 솟아오르는 유토피아 맛글방

함박웃음

사랑방 꽃 창가에 시집을 펼쳐놓고
읽다가 곱씹다가 살며시 눈감으면
내 노래 절로 나와라 할아버지 함박꽃

시조 쓰는 나라

한 우물 깊게 파니 시조물 콸콸 솟아
세상인 가슴에 쿵 울림이 요동치네
한국땅 시조 쓰는 나라 세계인이 놀란다

저마다 구구절절 사연을 시조로 써
오가는 사람마다 마음꽃 향기 솔솔
머잖아 나 사는 나라 시조 천국 코 앞에

환희

날아간 시조 한 수 가슴에 꽂혔는 지
사흘이 멀다 하고 맘 풀은 답시 수편
그 필력 놀라 달렸네 언니 집에 닿았네

한평생 편지 한 통 나누지 않던 자매
하루는 너무 멀다 가슴 속 불꽃 튄다
어느 날 우린 드디어 심장 소리 마주해

쓴 글을 주고받다 눈시울 훔쳐 봤네
볼그레 피던 입가 나 역시 언니처럼
시조로 다시 이은 정 대대손손 알릴 터

웃으며 산다

마음을 한데 모아 오롯이 집중하고
재미를 친구삼아 유쾌히 살다보면
주름도 한 폭의 그림 아름다운 초상화

맛있는 뷔페 식당 적어도 서너 접시
첫 접시 알록달록 두 번짼 입맛대로
향긋한 그 느낌 살려 맛깔나게 살련다

최고 선물

계절이 바뀔 때쯤 나 불러 칭찬한다
한 계절 잘 살아서 왕 임금 부럽잖아
폭신한 조끼 사 입고 요리조리 웃음길

내게 준 최고 선물 보람꽃 가슴 가득
나 사랑 고백한 날 해님 손 어깨 위에
사랑물 넘쳐 흐르니 온누리는 꽃동산

어머니

어머니 장수비결 나도야 따라 할까
언제나 룰루랄라 세상사 재미있다
구십오 미스코리아 자화자찬 만만세

어제는 산보가고 오늘은 소풍간다
날마다 흥겨우니 주름도 펴진다네
인생사 아름다워라 모두 함께 웃어봐

구구단 문제없다 울엄마 다 외운다
총명한 정신세계 건강한 체력 유지
모두다 본받아 보자 감사 눈물 흐른다

황금 열쇠

과학통 고심하다 용기내 말 걸어와
허구한 나날마다 펜 들고 무슨 놀이
섬세한 마음 지나감 움켜잡고 싶었다

실험은 미루어도 왜 쓰나 알고 파서
십분도 채 못되어 코 바싹 들이대네
폭포수 콸콸 쏟아내 날아갈 듯 기쁘다

마음문 열렸다고 줄메모 거침없이
자기 애 전수하려 후다닥 사라지네
마음빛 꽉 들어차게 철통문을 열어줘

3

참 멋지다

그림 서송주

그 사람

유기농 시조맛을 반세기 삭혀내어
문화원 배움터에 정열꽃 피우신다
국보급 귀한 가르침 목요일은 내 생일

콩나물 시내버스 차창밖 둥근 얼굴
버거운 가방인데 보물책 끌어안고
시조는 이렇게 써라 눈감아도 보인다

한 우물 깊게 파서 경지에 다다르니
그 음성 우렁차서 천장이 뚫어질라
세계인 놀란 토끼눈 으뜸 엄지 흔든다

시조에 빠진 사람들

시조에 큰 뜻 품고 활기찬 아침 기상
어젯밤 꿈속 그림 서둘러 색칠하자
감탄사 절로 나오네 뛰다니던 보람꽃

일주일 중간 허리 목요일 시조 산책
흰머리 푸른 마음 손잡고 똘똘 뭉쳐
책가방 가뿐 둘러멘 내 모습에 박수를

읊어댄 네 마음에 푹 빠져 덩그러니
연거푸 울려퍼진 시조물 출렁출렁
나날이 깊어지는 속 정 응답하라 시조여

봄의 향연

산뜻한 봄차림에 기운을 불러모아
발걸음 나비되어 이 가슴 오색 풍선
오가는 사람들마다 눈웃음을 선사해

시간을 쪼개 한 일 한나절 큰 바구니
이 봄엔 쉬엄쉬엄 제대로 너 만날 게
샛노란 개나리 언덕 황금빛에 빠질 게

봄할매 허리 펴고 온천물 풍덩 하니
세상은 내 것이다 봄임금 호령한다
뽀사시 밝게 핀 얼굴 봄처녀가 왕이라

아이들이 좋아서

아이들 눈빛 보면 가슴이 화끈거려
어린 싹 물 주듯이 찬찬히 속삭인다
꿈동산 힘껏 밟아봐 고사리손 잡을 게

별왕자 신이 나서 온종일 종이학을
애창곡 틀어주니 장미꽃 섞어 접네
수북히 쌓아가는 정 거름되어 자란다

감사합니다 선생님

시조와 친구된 지 사계절 지나던 날
오던 길 되짚으니 마른 땅 촉촉하다
스승님 뜨거운 발길 따라 걷고 있었네

걸음마 뒤뚱뒤뚱 언제나 바로 설까
손잡고 걸어가다 나 혼자 가고 있네
밥때도 잊고 쓰다니 선생님의 큰 은공

대추 선물

왕대추 아삭아삭 새 힘이 솟구치네
달디단 가을 보약 온가족 이구동성
십수년 한결같아라 동료 인연 멋지다

대한민국 노벨문학상

골방에 꿀 있는지 틈나면 들어앉아
독특한 매력의 글 쉼없이 끈덕지게
장하다 문학 아줌마 노벨 이름 붙였네

빛나는 문학의 별 한국은 웃음 축제
저마다 연필자루 책방은 줄을 선다
글쓰는 문학인의 밤 달님 별님 빙그레

초지일관

한 우물 땀 흘려서 정성껏 팠더니만
뿌듯한 물줄기가 온몸에 스며든다
꾸준히 이루어 놓은 별빛같은 생명수

팔미도 등대 탐방

팔미도 역사 현장 등댓불 품고 걸어
뜨겁던 최초 등대 그 함성 푸른 깃발
가슴 쿵 소리들은 새 끼룩끼룩 모인다

깜깜한 바닷길에 반짝인 불빛 한 점
그 옛날 소녀 기도 우리 땅 살려냈네
당신의 불타던 심장 두고두고 기억해

낭만 여행

빌딩숲 삼십오층 수영장 칠순아씨
하늘이 지붕이고 바람은 내 친구라
싱가폴 낭만 여행은 제이 인생 꿀단지

한국문예 시화전 개막식

광화문 시화벽에 우주가 넘실대니
책방에 가던 인파 숨죽여 독백한다
황금별 한국문예여 세상인의 희망꽃

생각은 물결치고 마음은 꿈틀대니
틈나면 읊조리다 시향에 취했구나
흐뭇한 세종대왕님 깊은 미소 보낸다

가을 낭만

동녘에 해 솟듯이 밥 한 끼 커피 한 손
코끝향 눈 감기면 옛친구 다가온다
살며시 팔짱끼더니 가을여행 가잔다

두둥실 뭉게구름 사뿐히 올라타고
팔벌린 허수아비 토닥여 말걸었네
올가을 대풍년이라 소리높여 외친다

나보다 낫다

스스로 약초 찾아 상처를 치료했네
놀라운 오랑우탄 내 볼은 풍선된다
신비한 동물의 세계 사람들이 배워가

남에게 의지하고 손발은 부동 자세
팽 돌려 사방으로 솟아날 구멍 있어
사람은 만물의 영장 우리 함께 멋지게

행로효과

묵묵히 걷다보면 정상이 보이겠지
깃발을 품고 가면 흐른 땀 개운하지
인생사 등산같아라 내려올 땐 한 잔 쭉

시작이 반이라고 길 허리 와 있구나
주먹을 불끈 쥐고 땀나면 폈다 다시
장하다 열매가 주렁 두 팔 번쩍 환호성

한국문예작가회 시화전

지하도 문화공간 광화문 명당자리
시세계 펼쳐놓은 설레는 작가님들
가던 길 되돌아와서 발못떼는 세계인

한국인 문학 염원 시화로 풀어내며
서로를 감싸안는 평화의 꽃이 피네
앞장선 한국문예여 해갈수록 빛난다

올림픽을 그린다

메달꿈 이루려고 젖먹던 힘 다했지
땀범벅 뛰는 열기 환호로 식혀주네
애국가 울려퍼지면 눈물 콧물 뜨겁다

비지땀 흘린 투혼 금메달 목에 걸고
조국을 빛내는 별 가슴에 심었구나
또다시 땀방울 행진 유니폼도 빛난다

로댕 친구

연구통 남촌 시인 온종일 로댕 흉내
땅이름 이야기로 세상을 들썩인다
새롭게 밝히신 학문 앞길 훤히 비춘다

춤추는 명동

한국의 대낮 명동 내 자리 서울 맞나
동서양 막론하고 흥겨운 멋진 풍경
희망찬 태극 물결 따라 무궁화꽃 피운다

줄지은 포장마차 신바람 세계인들
회오리 과자맛에 눈동자 마주치고
주거니 받거니 하며 한국 밤을 즐긴다

어린이 대공원

눈부신 햇살따라 대공원 들어서니

유모차 행복 남매 까르르 반겨주고

세상에 신기한 것을 주워담기 바쁘다

한국문예 대잔치

한여름 문학잔치 더위는 온데간데
마음빛 고스란히 보이니 시원하지
진선미 한국문예상 가릴 수가 없구나

알토랑 맛깔 계획 문학사 굵은 한 줄
깃발 든 손끝에는 글열매 주렁주렁
문학의 빛나는 역사 한국문예 최고봉

시조 스승의 날

흥겨운 소리 마당 그대의 자랑 일색
구수한 시조 맛에 사는 힘 불끈 솟아
저마다 쫓아가고파 스승님 옷 붙잡네

경인교대 졸업 50주년 대잔치

손꼽아 세던 이 날 내 모교 졸업 쉰 해
반세기 상봉인데 애잔한 그 눈동자
저마다 그리웠노라 목청 높여 웃는다

구슬땀 맺힌 무대 모교에 활짝 핀 꽃
구성진 가락 타고 흐르는 별빛 열기
찬란한 축제의 주인공 경인교대 십이회

긴 세월 백발 신사 손 힘은 아직 청년
후배들 사랑하는 넉넉한 장학금 줘
오월의 경인캠퍼스 축제꽃을 피운다

여강문학관

여강[1]샘 문학관은 감동의 파노라마
한 구절 시조 옥고 발걸음 붙잡았네
그려진 선생의 집념 메아리쳐 울린다

---

1) 원용우 문학박사의 호

나의 삶

바위틈 씨앗 한알 외길로 끈덕지게
비바람 태풍 와도 꿋꿋이 서 있었네
그대는 뿌리 깊은 나무 월계관을 씌운다

이제는 쉬어가라 세상은 나의 쉼터
꽃잎이 흩날리듯 힘 놓고 흘러가라
가을은 반절 마라톤 바람 따라 걷는다

사철피는 나무

결석생 하나 없는 시월의 나무들은
오늘도 사랑 품고 열매알 익혀가네
속깊이 물들어가는 날 우리 다시 마주해

까르르 웃음꽃 핀 아이돌 팽이춤에
저마다 한마디씩 유리창 흔들대니
지나던 교장선생님 승리 손짓 건넨다

효녀

열 중에 아홉 부모 서울의 엄지대학
울아빠 평생소원 에스대 입학 소식
칠순에 효도하는 딸 심청이가 왔구나

문화원 황금 강좌 이음줄 따라가니
갈수록 깊은 호수 볼수록 영롱한 빛
아빠 손 잡고 가볼까 꿀물 시조 옹달샘

글 쓰는 날

펜 하나 종이 몇 장 내 가방 보물 창고
앞 동네 여행길도 소풍날 김밥처럼
오롯이 나와 얘기하면 오늘 하루 최고날

마음의 문을 열고 시원히 쏟아내면
청량한 샘물들이 어느새 가득 찬다
표주박 한 모금 마시고 더 큰 통에 붓는다

풀꽃 축제

순박한 동네 정원 야시장 열렸구나
삼각뿔 지붕 아래 먹거리 군침 돌고
넉넉한 인심 속에서 풀과 함께 웃는다

이동식 놀이기구 바이킹 트위스트
흥겨운 유월 자리 온가족 덩실대고
초록빛 풀꽃 연주는 내 가슴을 후빈다

꼬마 자동차

아파트 주민 아가 뿡뿡차 주차하니
어른 차 자리없어 몇 바퀴 뱅뱅 돈다
아저씨 창문 열면서 무럭무럭 자라라

귀여운 차주 모친 어쩔 줄 모르면서
고개가 땅에 닿네 아들은 의기양양
우하하 멋들어진 세상 졸깃졸깃 재밌다

백아흔 시조 앨범

마음컷 찍어가며 그린 지 어언 두해
생각꽃 피어날 때 향기를 저장하고
맘살결 뜨거워지면 시조 한 편 기쁘게

시조를 읽다보면 내 역사 알겠구나
문학관 특별한가 맛샘[2]의 시조 마당
이 시대 건강한 습관 하나 시조 풀기 아닐까

---

2) "마음신호등" 시조집 저자 홍영복의 호

마음 신호등

심성이 살짝 꼬여 풀기가 쉽질 않네
골똘한 생각 끝에 반대로 돌려보니
초록불 환하게 켜진다 망음 주인 만만세

걷다가 달리다가 빨간불 열중 쉬엇
새소리 들려오고 풀향도 휘감긴다
멈추니 보이지 않던 세계 새록새록 눈 앞에

너에게 감사한다

한 통의 전화 받고 단숨에 달려오는
시간을 쪼개서도 기꺼이 귀 기울인
그 사람 마음 속 향기 하루 내내 머문다

희망의 속삭임을 붓으로 그려내는
사랑을 품고 사는 꽃천사 닮고파서
오늘도 마음 부스러기 물에 씻어 보냈다

꿰뚫어 정성 쏟은 은은한 보금자리
햇빛에 반짝이는 푸른 바다 돛단배
넉넉한 대자연 풍광 사진 우리 함께 감상해

4

참 넉넉하다

그림 김대정

이웃사촌

현관문 낯선 봉투 갸우뚱 스무고개
살며시 열어보니 손편지 촉촉케잌
윗층댁 잘 지내보자는 마음결에 꿀맛잠

요즘도 따슨 정에 얼마나 반갑던지
열계단 날아올라 깊은 숨 초인종을
빼꼼히 내미는 얼굴 우린 벌써 친구야

며칠간 이사 시끌 미안해 어쩔 줄을
고개는 땅에 닿고 발그레 청초한 낯
오가는 감칠 맛 정서에 두 문턱이 닳는다

행복한 사람

촉촉한 말 한마디 하루가 넘실대고
눈웃음 사뿐 인사 감사꽃 피어낸다
시간이 빨리 갈수록 행복하게 산 사람

엄마 향기

한 번도 깨지 않고 숙면을 취했더니
경쾌한 발걸음에 바퀴를 달았구나
뒤따라 달려온 버스 어서 타라 웃는다

한 계단 올라서니 빈 자리 웬 떡인가
참기름 발라논 듯 고소히 흐른 하루
잠자리 더듬어 보았네 그대 향이 있었네

언니의 쑥시루떡

울언니 허리굽혀 쑥 뜯어 웃음 한 줌
쑥향이 진동하는 떡시루 모여든다
뜨거운 용광로보다 더 끓었을 언니 맘

오뚜기 인생

다홍빛 예쁜 꽃도 비바람 이겨냈듯
숨차다 투정 말고 하늘을 바라보라
해님이 악수 청하네 밝은 기운 품 안에

나르는 새 한 마리 어디서 쉬어가나
팔벌린 나뭇가지 드디어 만났구나
바람이 부채질한다 느긋하게 한숨 자

쉬어가다

많은 짐 버거울 땐 가르면 사뿐 나비

오늘이 무거우면 내일로 살짝 부탁

단번에 큰 행복보단 한숨 돌려 또 찾아

감사한 하루

경쾌한 멜로디로 하루를 선물받고
분주한 일과 속에 풋마음 익어가네
저녁놀 물들어갈 때 내 모습이 장관이다

세세한 손놀림에 사랑은 산이 되고
넉넉한 마음 씀에 모두들 꽃이 피네
해맑은 웃음 품고서 귀한 날에 손 모은다

시조쓰기 생활화

눈뜨면 시조쓰기 일상이 되었구나

참신한 생각 줄기 다독여 펼쳐내면

뿌듯한 내면의 기쁨 날아갈 듯 하여라

가을맞이

은쟁반 채소 얼굴 가을을 꼭 빼닮아
알감자 둥근 두 눈 홍당무 코 되더니
빙그레 웃는 고구만 엄마 입술 그대로

정열의 붉은 고추 태양 열 고스란히
넉넉한 풍채 호박 가을죽 건강 보약
빙둘러 어깻짓한다 가을 주인 반긴다

여유

한 걸음 숨차구나 두 번에 쪼개 걷자
천천히 쉬엄쉬엄 온종일 흥얼대네
희망찬 기지개 함성 방방곡곡 함박꽃

풀꽃 사랑

지름길 마다하고 언덕길 가는 데는
언제쯤 오시려나 기다린 너 보고파
새 봄날 노란 속삭임 민들레 넌 내 사랑

이제야 알 것 같은 갓 일흔 넘긴 소녀
네 미소 보고나니 연노랑 나비 걸음
고요히 행복 쌓으며 달빛 친구 삼았니

비탈길 내려갈 땐 더 활짝 웃어준 너
얼마나 기쁘던지 쪼그려 눈 맞췄어
순박한 네 모습 그리다 꿈결에도 만날까

연륜

발디딜 틈새 없는 출근 차 숨은 독백

인생사 부대끼며 사는 게 당연하지

그래도 웃어야 한다 웃는 자가 이긴다

누구세요

곱상한 그 이미지 탈바꿈 큰 소나무
긴 시간 땀방울로 오십년 끈을 이어
사진첩 꺼내 들고서 마주보며 웃는다

국어반 마스코트 길거리 지나칠 뻔
발 벗고 뛰다니다 흩어진 친구 찾아
푸른 숲 한데 모일 날 손꼽는 너 보인다

바다 사랑

동검리 갈대밭에 문인들 합창하나
쓰레기 줍는 손길 바다향 넘실대네
묵었던 마음 껍데기 걷어내는 바다 날

환기

겹겹이 쌓여있는 옷길에 숨을 넣어
양어깨 펼쳐지고 숨통이 탁 트인다
옷장 속 몇 달만의 휴식 마음 환기 시킨다

한 공간 내 자리는 오로지 한 개인데
여기도 걸터앉고 저기도 기웃댔네
저녁놀 물들어갈 때 정신 번쩍 눈감아

이따금 마음 그림 무슨 색 칠했을까
투명한 물 흐르듯 곱게도 살고 있네
푸른 날 고요한 외침 길 멈추고 서 있다

대나무숲

대나무 숲 걸으면 허리가 곧게 펴져
바람이 들려준 말 마음도 그렇게 해
자연은 인생의 스승 대나무가 말한다

닮아볼까

그 말투 색이 고와 온종일 곱씹었네
눈빛도 그윽하니 초승달 흉내냈지
아침에 만난 얼굴이 퇴근길도 내 앞에

헤아려 던지는 말 농익은 깊은 장맛
간간이 흘린 노래 연주회 가 있는 듯
유난히 아름다워라 착한 커피 자매들

여백

이러쿵 웃다가도 저러쿵 보글대나
솜이불 걷어치운 하늘이 다독인다
팔 번쩍 힘차게 올려 빙빙 돌아 보아라

들꽃

행복은 길가 들꽃 보이는 사람들만
방그레 눈맞추니 정겨운 꽃잎 인사
선명히 아른거린 날 그대 향내 내 안에

저절로 핀 것 마냥 배시시 뽐내다가
바람이 건드리면 다소곳 말 건네지
꽃마차 함께 타볼까 손 내밀며 웃었네

열린 마음

속좁은 시기보단 넉넉한 마음인데
뭇사람 안타깝게 질투가 판을 친다
자랑꽃 축하 인사로 기쁨 같이 나누자

봄이 오는 길

앙상한 가지 위에 푸르름 피어나고
단단한 땅을 뚫고 빼꼼히 싹 내미네
방문을 박차고 나와 노래하며 걷는다

젖먹이 아가들도 봄이랑 놀고픈가
엄마 눈 맞추면서 애교를 뿜어대네
실바람 타고 온 제비 아가 옆에 사뿐히

조화로운 세상

하늘과 땅 사이에 무수한 삼라만상
옥수수 영근 열매 수세미 숭숭 자루
저마다 얼굴 색 달라도 어울리며 사는 맛

시화전

삭히면 삭힐수록 향 짙은 맛글 사랑

품은 뜻 펼쳐내니 속마음 폭포수다

온누리 세상 사연들 한데 모여 웃음꽃

은행나무

초록잎 무성할 땐 꽃들만 눈길주고

노란 잎 쏟아지니 환호성 질러대네

늦가을 나비 춤출 때 꽃이 되어 보았네

동네 빵집

아늑한 동네 빵집 자리는 고작 네 개
갓구운 빵 냄새는 가던 길 동작 그만
운좋게 앉기까지 한 날 그 빵맛은 못잊어

폭신한 카스테라 큰 한 입 베어물자
아빠가 쥐어주던 빵봉지 뭉클하네
그리운 아빠 보이면 불꽃 용기 솟는다

거꾸로 세상

타이밍 못맞춰서 임금님 지나갔네
상타면 축하노래 꽃수레 끌었건만
요번엔 내 코가 석자 미안해서 어쩌나

한시간 앞서 가서 앞자리 차지하던
그 열성 어디 숨고 유유히 세월가라
어쩌다 돈키호테처럼 살아보고 싶었네

잘 될 거야

안개꽃 핀 가지도 모여야 은빛 정원
뭇사람 마음들도 섞여야 푸른 세상
제 심장 훤히 보이는 확대경아 이리 와

국화차 향에 취해 살며시 위로받고
클래식 음반 위에 기대어 눈감으면
이 시간 지나간단다 토닥이는 숨소리

꽈배기 빵

달달한 꽈배기빵 풀어내 먹다보면
어느새 꼬인 흔적 썰물이 되어 있어
우리네 인생살이는 순풍에 탄 돛단배

미소

미소로 아침 시작 행복이 얼굴 들어

온종일 구슬 말투 햇살도 말붙이고

지나는 바람조차도 손짓하며 웃는다

일어나다

거뜬히 기분좋게 새 날을 맞이하자
수백 번 되뇌이니 나날이 힘솟는다
물오른 복사꽃 삼월 발걸음이 구른다

5

참 포근하다

그림 김태희

봄날 이야기

봄날의 한가운데 걸음도 나비처럼
꽃구경 가는 사람 자기도 별꽃인 냥
자연이 선사한 초대장 치켜 들며 환호성

날더러 꽃이라고 네 마음 사철 꽃밭
온세상 마음 도장 쿡 누른 사진사네
이처럼 복된 시간이 그 어디 또 있을까

유모차 끌고 나와 봄세상 구경시킨
해맑은 사랑 웃음 아가도 춤을 추네
봄날은 사계절의 비타민 새콤달콤 최고다

꽃피는 우리집

아기를 바라볼 때 미소로 눈길 주면
따라서 방실방실 마음에 꽃이 피지
우리집 꽃동산 쉼터 아이보듯 가꾼다

간밤에 잘 잤다고 혼자서 노는 아가
이름을 불러주면 반달이 귀에 걸려
오동통 보드라워라 함박꽃집 내 쉼터

정직한 체중기

온종일 발빠르게 세상사 거들더니
볼만한 근육 몸매 체중기 웃고 있네
정직한 기계 팽이야 칭찬 한 번 해주렴

특별한 운동 한 번 제대로 못했는데
백 계단 서너번씩 걸음아 날 살려라
눈뜨면 맞아주는 너 변함없는 내 친구

반의사

목구멍 간질대다 급기야 따끔 신호
따끈한 진한 죽염 도돌이 가글 반주
공들인 자가치료 덕 반의사가 되었네

이사

이사 전 일등공신 버려라 과감없이
눈길도 안주더니 이삿날 아는 척 해
그래도 끊어진 인연 버리는 게 순서다

이 사람 평생 쓴 글 이삿짐 보물 한 점
따뜻한 품에 안고 눈시울 뜨거워라
뒤흔든 살림살이들 제자리를 찾겠지

그 날엔 애지중지 지나면 언제 본 듯
흘러간 시간 속에 많이도 변했구나
손가락 걸고 약속해 싱그럽게 살련다

가을 보약

왕대추 아삭아삭 새힘이 솟구치네

달디단 가을보약 온가족 합창하고

십수년 한결같아라 동료인연 멋지다

자곡동 찬가

서울시 끝자락에 목요장 열린다네
주마다 향토음식 꿀재미 이색풍경
모여라 슬기주머니 얼른 와서 채워봐

자곡동 단풍길에 명문고 손흔드네
얼마나 그리우면 반세기 찾아왔나
뛰놀던 은행나무길 나비처럼 반긴다

어린이 도서관은 그 옛날 서당같고
언덕길 산책로는 알토랑 생명의 길
풀향기 새벽바람에 속삭이는 꽃동네

다른 삶

준비로 다져지니 세상사 실수 없나

어제의 각본대로 오늘을 살다보니

초원에 새 집 짓고서 느슨하게 살고파

첫 눈

겹겹이 덮었구나 밤사이 하얀 세상
빼꼼히 내민 얼굴 누구나 한 모습야
위대한 하늘의 인사 너나 나나 반가워

소리도 숨어버린 온누리 솜이불에
한 발작 짚어보니 가슴이 몽글대네
내딛는 설레는 발길 그대 따라 오겠지

친구야

한평생 걸어온 길 추억집 만들었네

동창생 만나던 날 살며시 쥐어줬어

정겨운 뜨거운 찬사 보람 눈물 흐른다

하루 회상

햇살이 따스할 때 긴 의자 우두커니
아침을 돌아보고 내 소리 들어본다
반나절 총총 걸음으로 부지런히 살았네

노을로 물들일 때 창밖에 눈 못떼며
하루의 그림 속에 내 자리 더듬는다
온종일 진주알 꿰며 대견하게 살았네

강릉 여행

강릉행 고속열차 설레발 몸 실었네

온세상 내 것이라 우렁찬 호령인가

벗님과 봄날 바캉스 바다님도 보이네

생일 축하 노래

예쁜 딸 생일날에 몰타[1]군 축하 방문

얼마나 귀여운 지 사랑이 넘쳐 흘러

행복꽃 활짝 핀다네 조잘대는 꼬리춤

---

1) 몰타 : 반려견 이름

바른 글씨

글씨는 얼굴인데 아이들 개발새발
연필을 바로 잡고 양어깨 수평되게
세상을 바꾸는 묘약 바른 글씨 된단다

자모음 순서 맞게 손의 힘 적당하게
바르게 쓰다보면 어느새 한석봉 글
감탄사 절로 나오는 매력 만점 내 글씨

존경

수업 중 성큼 나가 스승께 엎드린 절
학생들 휘둥그레 가슴은 몽글댄다
속깊은 누님의 명언 맘에 새겨 실천해

봄이 왔다

간밤에 틀림없이 고운 꿈 꾸었구나
키재기 살찌우기 정겹게 내기했나
보란 듯 봄인사 나눈 사랑둥이 새싹들

감동의 하모니

명기자 햇빛 기사 하루를 일으킨다
일촉의 위기 순간 힘 모은 푸른 형제
참사랑 감사장 안긴 감동 천사 시인님

지하철 전기 계단 이따금 사고 발생
발빠른 학생 도움 무사고 가슴 쓸어
오형제 크게 칭찬한 여름 향기 문학인

함박눈

눈 펑펑 겨울 풍경 누구나 좋아할까

아이들 폴짝폴짝 눈싸움 최고놀이

나는야 엉금 거북이 넘어지면 큰일나

화합

사랑이 밀물처럼 든든한 울타리로
에움길 돌고돌아 풍성한 마음된 걸
부둥켜 얼싸안은 정 집에 갈 줄 모른다

찰옥수수

냉동실 한 구석에 늘씬한 옥수숫대
한여름 저장해 둔 보물을 찾았구나
늦가을 달싸한 그 맛 뼛속까지 찰지다

옥수수 하모니카 불던 날 그 시절이
이제는 압력솥에 푹 쪄낸 간식으로
한 모습 그대로인데 세월 정서 변했네

정에 못 이겨

모처럼 날아갈 듯 콧노래 불렀는데
따르릉 주문 전화 이 한 몸 열몫 장사
신나서 뛰어다니니 늙을 새가 없구나

눈이 내린다

눈오는 새해 아침 바리톤 눈의 노래

선생님 보이다가 커피잔 매만진다

반세기 세월의 수첩 펼쳐보고 또 보고

평생 배운다

한 그림 같이 감상 저마다 다른 소리
이 사람 물길 따라 저 사람 나비 좇아
사람의 얼굴 다르듯 삶의 길도 다르다

당신의 주옥 말씀 살며시 들춰보고
눈감아 음미하며 바람에 전합니다
건실한 배움 벗님들 스승님의 사랑꾼

재미난 친구

끝없이 이어지는 친구의 이야기는
영화를 감상하듯 한없이 빨려든다
후속편 기다려진다 뒷모습도 예쁘다

요술 거울

새벽녘 마음 색깔 푸르른 물빛인데
시간의 줄을 타면 반투명 그림된다
노을이 물들어갈 때 보드라운 아기색

독백

피리는 숨 내쉴 때 황홀한 소리내지
사람도 내놓을 때 비로소 아름다워
다함께 흥겨운 합창 너도나도 한아름

여유를 품에 안고 현관문 나서보니
발길이 소풍이고 눈빛이 사랑이네
느슨한 몸짓 하나로 매매일이 생일날

괜찮아

마음은 앞서가고 두 발은 낭떠러지
세상에 쉬운 일은 하나도 없다 했나
아직은 이른 봄이니 씨앗 다시 심을까

행복은 여기

두 팔을 번쩍 들어 하늘에 인사하네
봄소풍 온 것처럼 그대를 만난 듯이
행복은 내 안에 있어 깊은 가슴 마음샘

하루를 마감하는 잠자리 눈감으면
흥돋는 꿈의 왈츠 끝없이 들려온다
참스런 스물 네 시간 마음 정원 박람회

초록 마음

초록과 친구되면 마음이 나무된다
진초록 줄기처럼 핏줄도 물이 들어
서로가 정원이 된다 보듬으며 웃는다

아침 편지

말없이 받쳐주는 우산 속 고운 바람
오후엔 비갠데요 나즉한 그 목소리
쇼핑백 이고가다가 멋쟁이가 내 곁에

갑자기 내린 비에 망설인 비닐 우산
이번엔 인내 발동 도인을 만나다니
하늘낯 바라보는 여유 약속하는 새 아침

시인

시 쓰는 문학도는 나날이 젊은 감성
생각을 헤엄치다 큰 고기 낚아내고
마음숲 여행길 쉼터 내 소리가 들린다

화해

고 작은 응어리를 몇 해나 안고 살아
단맛도 그러려니 명요린 그냥저냥
톡 쏘는 기묘한 떨림에 고인 물을 흘렸다

긴 대화 소용 없지 눈가엔 이슬 방울
침묵의 시간 속에 필름은 팽이처럼
자기야 주름 골짜기 이제 서로 펴줄까

깊은 사랑의 기도

가슴이 아려오는 한 밤이 지나가고
동녘에 뜨는 햇님 울엄마 찾아온다
안갯속 휫뿌연 방울들 기적처럼 걷었다

얼마 전 내 귓가에 쟁쟁한 어록 한 솥
틈나면 노랫가락 웃으며 살라 했다
하고픈 말 넘쳐납니다 엄마 귀에 사랑해

고마워 가슴 저민 한 마디 심장 외침
누워도 앉아 봐도 맴도는 햇빛 음성
그 무엇 견줄 수 없는 사랑 무릎꿇고 손 모아

오는 정 가는 정

한참을 핏물 빼서 갈비찜 해 왔다는
담백한 후배 말투 몸둘 바 모르겠네
그 정성 꼭꼭 씹어서 마음살을 찌운다

우연히 지나가다 눈도장 망사 양말
한 다스 얼싸안고 네 미소 떠올린다
이 여름 시원히 나 보렴 까실까실 스르르

6
참 그립다

그림 최라임

부모봉양

엄마가 바로 옆에 계신 것 축복인데
수발이 힘들다고 투정만 늘어놓네
포근한 존재만으로 감사한 줄 모르고

예전엔 생각 못한 부모를 요양원에
나아서 애지중지 알고도 그러는지
고요히 마음 모으면 엄마 두 손 잡고파

요실금 팬티 입고 한 걸음 큰 숨 열 번
그래도 눕지 않고 걷는 건 무한 행복
세상이 열 번 바뀌어도 부모 곁엔 자식이

친구

뒤숭숭 마음갈피 제대로 잡고파서
찬바람 휘감으며 얼마나 디뎠을까
찌르릉 떨리는 손목 보고싶단 세글자

내 모습 아른거려 손모아 기도해준
친구의 사랑열매 언제 다 갚을까나
심쿵한 그대 정성에 녹아내린 가슴아

한 해를 보내며

가혹한 현실 속에 참담한 마음으로
저녁놀 물끄러미 눈물이 줄을 탄다
새 태양 솟아오르면 그의 넋에 온기를

친구를 만나는 날 손꼽아 기다리며
한 해가 저무는 날 아쉬워 목마르네
하루는 거북이 걸음 열두달은 속사포

보고 싶은 친구

줄무늬 길 건너서 버스를 골라 타면
안도의 깊은 숨결 친구가 벌써 보여
음악에 젖은 시간 속 네 목소리 들린다

얼마나 지났을까 차창 밖 햇빛 한 줌
서둘러 주섬주섬 네 생각 품에 안고
발걸음 비행기 탔네 주름손도 웃는다

속내를 몽땅 꺼내 등 토닥 위로하고
두 어깨 매만지며 사랑표 윙크 발사
부둥켜 안고 뛰던 우리 요만큼도 안변해

겨울 풍경

강추위 매서워서 겁먹고 뒹굴댄다
대낮엔 괜찮겠지 맘 풀고 나서본다
처마밑 달린 고드름 옛 친구 어디갔나

봄소풍 간다

울엄마 한 집 살면 최곤 줄 알았는데
친구와 어울리니 마이크 연설한다
한 달 뒤 벌어진 새 세상 뜨거운 물 흐른다

매끼니 오색 반찬 집에선 대접못해
성심껏 돌보시는 그 손길 잡으신다
고마워 엄지 흔드는 고운 사람 내 엄마

눈물로 지샌 시간 감사꽃 선물 받고
평소에 즐겨드신 왕딸기 한보따리
일곱 밤 손꼽다 보니 봄소풍날 와 있네

흘러간 세월

파마가 하고파서 손가랑 뱅뱅 돌려
물기를 살짝 발라 세갈래 땋고 눕네
거울에 비친 내 얼굴 예쁜 언니 되었어

세월이 흘러흘러 할머니 되고 보니
쭉 뻗은 일자 머리 얼마나 부러운 지
보자기 쓰고 잠자는 개그맨이 되었네

완벽한 하루

선홍빛 가슴 안고 꽃구슬 만나는 날
오늘도 어제 본 듯 네 심장 다 보이네
오분 전 뒷모습 인사 벌써 보고 싶어라

어쩌면 모난 구석 눈 씻고 봐도 없어
둥글게 굴러가니 세상은 밝은 태양
그대여 오늘 하루는 시계 없이 살았네

엄마를 닮는다

미루던 일거리를 새벽에 해치우니

하루가 길어져서 털장갑 다 짜겠네

울엄마 손놀림 보인다 내 어릴 적 뜨개손

눈짐작 손바느질 양장점 못지 않아

엄마는 싱글벙글 딸공주 으쓱 댔지

정성표 꼬리를 물어 눈만 뜨면 해맞이

고마운 선생님

명장면 놓칠세라 뛰다닌 긴긴세월
알알이 생각품은 시조랑 엮어보니
선생님 귀한 가르침 눈물나게 고맙다

시공을 초월하여 사진기 애지중지
한세월 흘러가니 가슴에 파묻친다
고마운 스승깨우침 시조까지 더한다

어릴적 시조감상 제대로 못했는데
흰머리 구구절절 시조맛 달디달다
사랑꽃 피워내시는 스승은덕 꽃다발

토마토

빠알간 복덩어리 토마토 주렁 열려

상큼한 방울 향에 사랑꽃 피어나니

울 아빠 늘 친구 하던 둥근 그릇 보인다

그리운 선생님

꿈속에 그려보던 선생님 찾았다네
목소리 들려오니 내심장 방아찧네
오십년 세월의 훈장 얼마나 반짝일까

애타게 찾던 마음 눈녹듯 잦아들고
꿈인가 생시인가 조만간 만나는줄
부풀어 오르는 기대 봄풀처럼 솟는다

선생님 사랑으로 이 자리 와 있어요
무거운 국어사전 펼치어 깨워주신
지극한 정성가르침 이어받은 푸나무

개그맨 친구

끝없이 이어지는 친구의 이야기는
영화를 감상하듯 한없이 빨려든다
후속편 어서 들려줘 재미있는 친구야

봄날 우리는

도시 속 그림 마을 천사들 봄빛 학교
웃음꽃 피워내는 한교감 근무한다
어제는 모처럼 만나 실추억을 풀었네

멍게밥 봄내음에 미역국 들이키며
커피향 넘실대는 드너른 카페에서
옛 시간 되돌려 보니 옆집 총각 생각나

세계는 하나

타국땅 눈물콧물 쏟은지 어언 십년
이제는 보란 듯이 웃으며 뛰다녀요
정겨운 벗님 통화는 희망의 끈 이음줄

기다림

애절한 마음으로 손편지 띄우고서

손가락 다 꼽는데 답장은 깜깜한 밤

나 닮은 꽃수 놓느라 해도 달도 넘기나

별나라 소풍

아버지 날 불렀니 그리워 또 그리워
내 딸아 보고프네 늘 곁에 아빠 옆에
별나라 소풍하면서 은하강을 건넌다

어버이날

아버지 떠오르는 오월의 새벽 창가
힘주어 쥐어주던 뼈까지 스민 온기
호탕한 그 웃음소리 푸른 하늘 퍼진다

손편지 밤글 한 장 눈맞춤 아침 인사
끄덕인 고개 아랜 사랑물 글 적신다
아빠의 구성진 가락 어버이날 들린다

하고픈 말 한마디 다듬어 적어놓고
쉬었다 다시 보니 이런 말 더 따뜻해
울아빠 빼닮은 이 딸 카네이션 드려요

선생님이 보인다

나 지금 이 자리는 순전히 선생님 덕
턱 밑에 맨 앞자리 귀바퀴 모았었지
땀 송송 흘리신 사랑물 해 갈수록 뜨겁네

엄지손 열여섯 번 팔십을 훌쩍 넘긴
스승님 생각 물결 줄줄이 글걸음을
옛제자 갈래머리 안경 지샌 밤이 책 한 권

가을엔

하루를 마감하는 노을이 피어나면
눈감고 바람결에 일상을 태워본다
가을 산 사뿐 넘으며 대견하게 살았네

굽어진 날갯죽지 솔향기 뿜어주면
가슴에 날아드는 햇살로 숨 먹는다
가을이 가져다 준 선물 그대만큼 고맙다

엄마 향기

한 번도 깨지 않고 숙면을 취했더니
경쾌한 발걸음에 바퀴를 달았구나
뒤따라 달려온 버스 어서 타라 웃는다

한 계단 올라서니 빈 자리 웬 떡인가
참기름 발라논 듯 고소히 흐른 하루
잠자리 더듬어 보았네 그대 향이 있었네

8월이여 안녕

정열의 타오름달 끝자락 여운 남아
진한 팥 하드 막대 녹이며 인사 나눠
대단한 그대 빛이여 불꽃 튀며 살았소

당신의 위력으로 온 인류 정신 번쩍
두 다리 걷고 뛰며 자전거 내 몸 되게
푸른 숲 싱그런 풀밭 다시 찾는 날까지

오십년 술래잡기

빛바랜 사진 한 장 그리움 왈칵 쏟아
길거리 걸어갈 때 못알아 볼 것 같아
얘네들 그만 나와라 술래잡기 끝났다

하나 둘 나오다가 신난다 다 찾았다
부둥켜 얼싸안고 달 뜨는 줄 모른다
또다시 이어지는 줄 국어반 줄 동아줄

모교를 떠나온 지 반세기 되었다니
희끗한 지붕 아래 푹 파인 골짜기들
그래도 잊은 적 없었네 마음 저 편 심었어

삼총사

이름만 떠올려도 까르르 웃음소리
네 모습 나타나면 심장이 온전할까
팔다리 휘저어질 때 나타나라 내 앞에

트리오 부럽다고 번번이 껴 달라고
턱들고 본체만체 삼총사 누볐는데
나 혼자 달랑 남아서 그리움만 삼킨다

현충일 아침

묵묵히 생각 잠긴 유월의 가슴앓이
내 나라 지키려다 총칼과 맞서 싸운
그 영령 편히 잠드소서 하얀 꽃을 바칩니다

그리운 어머니 손 온기만 품은 채로
차디찬 전쟁터에 피투성 용사님들
숭고한 호국정신에 추모 마음 타올라

태극기 깃폭만큼 내리는 손 떨림은
젊은 피 가슴 저민 애국심 함성 들려
숙연히 고개 숙이며 높은 뜻을 새긴다

누구 손 잡고 싶나

들리는 마음 소리 누구 손 지금 당장

아버지 쥐어주던 그 아귀 눈물되어

바랠까 노심초사하던 사랑 편지 머문다

해마다 과수원에 내 손 꼭 흔드셨지

털 보송 복숭아밭 단물로 웃음 범벅

열매는 땀흘린 보람 이제서야 스민다

에스컬레이터

바위는 올라서고 가위는 내려서던
추억의 계단 놀이 후다닥 보고파서
사람은 가만히 서 있고 계단들이 걷다니

계단이 운동하고 사람은 부동자세
얼마나 변했는지 꿈길이 내 눈 앞에
백 계단 오르락 내리락 그 친구가 그리워

눈물 효도

할머니 보고 싶어 소리내 우는 딸애
어릴 적 키워주신 깊은 정 못잊어서
손잡고 달려갑니다 면회시간 십분전

침대는 편안한가 눈꼽은 안끼었나
머리를 매만지고 귓속말 사랑해요
어머닌 들었나 보다 아가처럼 웃는다

눈물약 눈꼽 떼고 긴 손톱 깔끔하게
생명의 영양수액 친절한 선생님들
울엄마 보고 있으면 인간 극장 보는 듯

유월 산타

대견한 눈빛으로 그 애를 바라보니
긴 시간 썼는데도 연필은 춤을 춘다
교문을 박차고 달려온 네 모습에 울컥해

내 안에 녹아있는 정다발 끌어내어
옛 제자 마주 앉아 실타래 풀어내니
시원한 레몬에이드 얼음 몇 개 남았다

나 만나 글 쓰고픈 순박한 이팔 청춘
큰 사람 되겠구나 가슴이 찡해 온다
속 깊은 우리 대정[1]아 찬란한 별 보인다

---

1) 대정 : 중학생 제자 이름

인공지능시대

대화형 인공지능 신들린 답변 소식
너 없인 난 못산다 놀라운 새 풍속도
인간은 생각의 동물 중심 잡고 살아야

질문을 던졌는데 순식간 백 개 답 줘
방향을 잘못타다 내 자리 못찾겠네
아무리 첨단시대라도 정신기둥 굳건히

컴퓨터 의지하여 화면만 뚫어져라
공치기 술래잡기 그 날이 그립구나
로봇아 너도 쉬려마 푸른 하늘 보련다

해운대의 추억

뜨거운 백사장에 발바닥 데인다고
언니는 등 구부려 어린 나 업어줬네
언제는 태양 좋다고 그 날 만큼 갸우뚱

사진첩 넘겨보다 여름날 해운대다
그늘막 없던 시절 울언닌 내 파라솔
사랑이 머물던 자리 올여름도 찾는다

고마운 바람

강바람 힘도 세다 낙엽은 온데 간데
도로는 목욕한 듯 제 모습 자랑하니
나팔꽃 미화원 미소 휴식시간 갖는다

흐르던 땀방울을 닦지도 않았는데
개운해 눈감긴다 이 참에 쉬어가자
바람이 들려준 한 마디 달콤하게 산다고